Einen ganz besonderen Dank an meine wunderschöne Tochter River, die mich jeden Tag dazu inspiriert, Kunst vorrangig um des Glückes willen zu erschaffen.

DAS RABEN-TAROT

Eintritt in die spirituelle Welt

Raben haben schon immer einen besonderen Platz in meinem Herzen eingenommen. Ich kann nicht genau sagen, wann oder warum das seinen Anfang nahm. Doch sie faszinierten mich bereits, als ich als kleines Mädchen südlich von Boston aufwuchs. Genaugenommen schon, seit ich denken kann.

Vielleicht liegt es daran, dass ich, wenn ich ihnen in die Augen sehe, das deutliche Gefühl habe, dass sie etwas so viel Geheimnisvolleres wissen, als ich jemals verstehen könnte. Es ist etwas Jenseitiges.

DAS
RABEN
TAROT

MJ Cullinane

KÖNIGSFURT
URANIA

Copyright © 2019 by U. S. Games Systems, Inc.
179 Ludlow Street, Stamford, CT USA
www.usgamesinc.com

Deutsche Erstausgabe, 5. Auflage 2024
© 2019 by Königsfurt-Urania Verlag GmbH

Königsfurt-Urania Verlag GmbH
Ringstr. 32, D-24103 Kiel
www.koenigsfurt-urania.com
info@koenigsfurt-urania.com

Übersetzung: Kirsten Buchholzer
Lektorat: Sabine Lechleuthner
Printed in China,
by Hung Hing Off-Set-Printing Co. Ltd.

ISBN 978-3-86826-554-5

Aus der Perspektive einer Künstlerin begeistern mich Rabenfedern, da jede eine Unzahl von Farben aufweist. Wenn das Sonnenlicht auf die Körper der Raben fällt, wirken sie lebendig und schillernd durch Schattierungen von Purpur, tiefem Indigo und weichem Karamell, die im Licht spielen. Dann – puff – wird der Vogel in einem Augenblick pechschwarz, so als würde er vor meinen Augen ein Loch im Universum entstehen lassen.

Hier in Seattle sind Raben ein auffälliger Bestandteil der Landschaft. Vom Strand bis zu den Bergen betupfen sie den Himmel, sprenkeln den Sand und krönen die Bäume. Ich habe das Glück, zahlreiche Raben durch unsere Nachbarschaft fliegen zu sehen. Sie legen hier gern einen Zwischenstopp ein, um irgendeine Leckerei aufzupicken, oder verbringen einen Nachmittag damit, auf Telefondrähten zu sitzen und Fremde anzukrächzen. Sie fungieren auch als hervorragendes Alarmsystem, wenn etwas in der Nähe nicht stimmt!

Rabenenergie ist intensiv und mystisch. In einigen Kulturen sind sie als Trickster und Gestaltenwandler bekannt, die sich in andere Tiere oder Menschen verwandeln können. Raben vergessen nie ein Gesicht; und wenn wir bereit sind, lassen sie uns auf außergewöhnliche, fast seelenvolle Weise mit sich in Verbindung treten.

Wie Menschen können Raben ein Leben lang einen Groll hegen. Auch geben sie Informationen über ihre DNA weiter, um zukünftige Generationen vor möglichen Gefahren zu warnen und zu schützen.

Raben sind wahrlich bemerkenswerte Kreaturen. Daher beschloss ich, diese meine Lieblingsmusen in den Mittelpunkt zu stellen, als ich damit begann, mein erstes Tarot-Deck zu entwerfen. Bei der Entwicklung des Raben-Tarots hatte ich zwei Ziele. Erstens:

Jede Karte zu einem Kunstwerk zu machen, das Raben und Krähen würdigt. Zweitens: Jedes Bild mit der bekannten Symbolik des ursprünglichen Waite-Tarot zu versehen, damit sowohl Karten-Anfänger als auch professionelle Tarot-Deuter das Deck getrost nutzen können, ohne sich neue Interpretationen merken zu müssen.

Ich glaube, wir alle tragen die Antworten auf unsere Lebensfragen in uns. Wir brauchen nur die Quelle anzuzapfen. Durch die Verwendung von Tarotkarten haben wir eine direkte Verbindung zu unserem Höheren Selbst. Bei korrekter Verwendung sind Tarotkarten weniger ein Wahrsage-Instrument als ein nützliches Werkzeug zur Selbstfindung.

Für den täglichen Gebrauch ziehe ich lieber drei Karten als nur eine, und bitte das Deck darum, mir eine Geschichte zu erzählen. Normalerweise ertappe ich mich dabei, dass ich noch lange nach der Legung über die Karten nachdenke. Ich entdecke oft etwas Neues über mich, das ich bisher entweder übersehen oder verdrängt habe. Manchmal finde ich auch einen ganz neuen Weg, um ein Problem anzugehen.

Wer auch immer mit diesen Karten arbeiten will: Mögest du dich bei der Verwendung dieses Decks mit der intuitiven Kraft der Raben verbinden und in die spirituelle Welt eintreten!

GROSSE ARKANA

0. DER NARR

Schlüsselwörter: Unschuld, Anfänge, Freigeist, Vertrauen, Abenteuer

Element: Luft

Der furchtlose Rabe zögert keinen Moment und vertraut darauf, dass ihm der Baumstamm und der Fluss ein großes Abenteuer liefern werden. In der Ferne weht der Wind pfeifend eine Warnung. Trotzdem bleibt der Rabe im Vertrauen, denn er weiß, dass ihn das Holz über Wasser halten wird, ganz gleich, wie stürmisch oder unruhig das Gewässer in der Zukunft auch sein wird.

Die Narren-Karte ermahnt dich, Vertrauen ins Universum zu haben und furchtlos zu leben. Du wirst den Sturm überstehen. Stell dir vor, welche Abenteuer auf dich warten, wenn du dir erlaubst, deine Angst durch Hoffnung zu ersetzen.

In der aufrechten Lage ermahnt dich diese Karte, Vertrauen zu haben.

Kommt sie umgedreht zum Liegen, fordert sie dich dazu auf, abzuwägen, ob du es mit dem Vertrauen nicht übertreibst. Dein Höheres Selbst sendet dir die Warnung, dass dir das Universum zwar den Rücken freihält, doch soll dies keine Aufforderung sein, jetzt närrische oder ungünstige Entscheidungen zu treffen, die einen schwerwiegenden und negativen Einfluss auf deine Zukunft haben könnten.

I. DER MAGIER

Schlüsselwörter: Alchemie, Einfallsreichtum, Kreativität, Manifestierend

Element: Luft

Der Magier-Rabe verbindet die physische Welt mit dem geistigen Reich und zieht die Energie der vier Kartenelemente Münzen, Kelche, Schwerter und Stäbe – die Erde, Wasser, Luft und Feuer repräsentieren – zu einem Funken zusammen. Dieser hat die Kraft, sich als transformierende Idee zu manifestieren. Der Magier, der seine Schwingen über den schroffen, von roten und weißen Rosen gesäumten Bergen erhebt, symbolisiert die ersten Schritte, die zum Erfolg führen. Er besitzt die Fähigkeit, sich durch Schwierigkeiten hindurch entlang des ersehnten Pfads zu schlagen. Dabei kommen ihm seine Lebenserfahrung und sein reines Herz zugute.

Manchmal ist dieser Rabe jedoch auch ein Betrüger, ein Trickster: In der umgedrehten Lage nutzt der Magier-Rabe die Kraft des geistigen Reiches für gierige Zwecke. In dieser Position kann der Magier bedeuten, dass du jemandem zur Beute gefallen und ein leichtgläubiges Opfer geworden bist. Oder er ermahnt dich, dich zu fragen, ob deine Motive wirklich edel sind.

II. DIE HOHEPRIESTERIN

Schlüsselwörter: Intuition, Geistführerin, göttliche Führung, Magie

Element: Wasser

Die Hohepriesterin nimmt den vom Magier erschaffenen Funken auf und verwandelt die daraus entstandene Idee in eine greifbare Realität. Ihre Energie ist präsent wie ein in der Nacht vorbeiziehender Schatten. Sie kann im Bauch gefühlt werden, wird aber nicht immer gesehen. Ihre intuitive Kraft liegt im spirituellen Unbewussten. Sie ermöglicht es der Hohepriesterin, durch den Schleier zwischen den Welten hin und her zu schweben und dabei göttliches Wissen mitzubringen. Jetzt sitzt sie auf dem Mond und ist von den vier Kartenelementen umgeben: Deine Verbindung zur Hohepriesterin ist somit aktiv, und du solltest sie nutzen. Sie ist bereit, dir die gewünschten Antworten in Träumen und Symbolen zu liefern. Sei aufmerksam! Sie ist bei dir.

Wenn die Hohepriesterin umgedreht erscheint, bedeutet dies, dass du die Verbindung zu deinem Innersten verloren hast. Daher kann dir die Hohepriesterin nicht die Informationen übermitteln, die du für eine weise Entscheidung benötigst. Sie fordert dich nachdrücklich auf, dir Zeit für dich selbst zu nehmen und zuzulassen, dass dein Geist zur Ruhe kommt, damit sie wieder mit dir kommunizieren kann. Ihre Botschaft lautet: Es gibt Magie in dieser Welt, du musst dir nur erlauben, sie zu erleben.

III. DIE HERRSCHERIN

Schlüsselwörter: Mutterschaft, Überfluss, geschäftlicher Erfolg, Kreativität
Element: Erde

Die mütterliche Herrscherin fliegt über die saftige, üppige Landschaft der Mutter Erde. Sie wird von der Wärme, die durch ihre

Verbundenheit mit dem Planeten herrührt, emporgehoben.

Die Herrscherin sendet dir die liebevolle Botschaft dir Zeit zu nehmen, um dich selbst zu verwöhnen und die weibliche Energie - die jeder von uns in sich trägt - anzunehmen. Ihr Geist besteht aus reiner Liebe und bringt Dinge zum Leben. Sie rät dir, in die Natur zu gehen, um dort jene beruhigende und heilende Kraft zu fühlen, die die Seele belebt.

Wenn die Herrscherin dich besucht, kann sie dir die Geburt von etwas Neuem ankündigen.

Umgedreht warnt die Herrscherin davor, dass der Mangel an Harmonie, den du verspürst, auf einem Gefühl der Trennung von deinen Freunden, deiner Familie oder der Natur beruht. Dein Herz ist abgeschottet, und das erschwert den Aufbau von Beziehungen.

Die Herrscherin fordert dich auf, nach innen zu gehen und kreativ zu sein. Nur wenn du dich selbst akzeptierst und die liebevolle Energie deines Herzens nach innen lenkst, kannst du Liebe und Mitgefühl ausstrahlen.

IV. DER HERRSCHER

Schlüsselwörter: Väterlich, Autorität, Gerecht, Weisheit, Beschützend

Element: Feuer

Der Herrscher steht für männliche, väterliche Energie. Während die Herrscherin Liebe und Pflege im Überfluss bietet, sorgt der Herrscher für eine solide Grundlage, bestehend aus Struktur und Regeln, die Sicherheit und Stabilität bringen. Der Rabe steht auf einem Schwert, Symbol für Kraft, Schutz, Autorität, Stärke und Mut. Der Widderkopf auf dem Thron darunter repräsentiert Führungspotential und Initiative.

Die Energie des Herrschers bringt Ordnung ins Chaos. Er ist kein Diktator und kein Aufseher. Er ist jedoch ein starker Führer, der aufgrund seiner Weisheit und Integrität Ergebenheit einfordert. Der Herrscher ist bereit, sein Wissen zu teilen, um sicherzustellen, dass alle um ihn her geschützt bleiben.

Verbinde dich mit seiner Macht in Zeiten der Ungewissheit. Dank furchtloser Entschlossenheit und Fachwissen wird er deinen Erfolg herbeiführen.

Taucht der Herrscher umgedreht in einer Legung auf, kann dies eine Warnung sein, dass dir Arroganz und übertriebene Selbstsicherheit den Weg versperren. Wenn du so weitermachst, riskierst du, den von dir ersehnten Respekt zu verlieren.

V. DER HIEROPHANT

Schlüsselwörter: Erziehung, Tradition, religiöse Einrichtungen, höhere Bildung

Element: Erde

Der Hierophant-Rabe ist pragmatisch und geht keine unnötigen Risiken ein. Dieser

Rabe taucht in einer Legung immer dann auf, wenn ein konventioneller Ansatz erforderlich ist, um ein Problem zu lösen oder ein Projekt voranzubringen.

Diese Karte warnt dich, dass jetzt keine gute Zeit für Gedankenexperimente ist. Stattdessen brauchst du derzeit das Wissen einer angesehenen Institution oder Person. Es ist die Aufgabe des Hierophanten, als Mentor und spiritueller Lehrer über anderen zu stehen. In dieser Funktion sieht man ihn auch auf der Karte. Er ist mit dem Göttlichen verbunden und könnte in einer Auslage jene Führung durch das Höhere Selbst darstellen, die ein professioneller Heiler bieten kann.

Liegt der Hierophant umgedreht in einer Legung, kann das bedeuten, dass du deine Denkprozesse und kreativen Denkansätze weniger zensieren solltest.

VI. DIE LIEBENDEN

Schlüsselwörter: Liebe, geschäftliche
Partnerschaft, Entscheidungen, Beziehungen

Element: Luft

Vordergründig steht diese Karte für Liebe
und Einheit. Sie hat jedoch auch eine tiefere
Bedeutung. So kann sie karmische Leidenschaft und Seelenbeziehungen zeigen, die
sich über das gesamte Leben erstrecken. Die
hier abgebildeten Raben sind zusammen
durch Raum und Zeit gereist. Gemeinsam
trinken Sie aus einem Herzen. Während
sich ihre Venen mit derselben Lebenskraft
füllen, binden sie sich aneinander und
vereinen ihren Geist für die Ewigkeit. Jede
Entscheidung treffen sie zu zweit, da das Ergebnis beide für immer beeinflussen wird.
Ganz gleich, ob es um die Person geht, die
du liebst, oder um den Ort, an dem du leben
willst - diese Karte fordert dich auf, dein
Glaubenssystem zu überprüfen und deinen

inneren Kompass zu verwenden, wenn du dich dazu entscheidest, verbindlich zu werden. Die Liebenden lassen dich wissen, dass sich Sinn und Konsequenzen letztendlich im Guten wie im Schlechten offenbaren werden.

Umgedreht stehen die Liebenden möglicherweise für ein Ungleichgewicht in einer Beziehung. Es kann daher sein, dass du aus diesem Grund nicht ehrlich mit dir selbst beim Treffen einer Entscheidung bist. Nimm dir Zeit, dich zurückzuziehen, zu meditieren und deine Entschlüsse zu überprüfen.

VII. DER WAGEN

Schlüsselwörter: Entschlossenheit, Willenskraft, Antrieb, Erfolg
Element: Wasser

Der siegesgewisse Rabe, der furchtlos und kraftvoll durch den stürmischen Himmel schwebt, reitet einen donnernden Wolkenwagen zum Sieg.

Der Wagen dient dir als Zeichen zuversichtlich weiterzugehen, in der Gewissheit, dass dein gut ausgearbeiteter Plan Erfolg haben wird. Die Karte fordert dich auf, all deine Kräfte heraufzubeschwören, um über Barrieren zu fliegen und Hindernisse zu überwinden. Der Rabe, der siegreich auf dem Wagen reitet, hat gelernt seine Aggression zu zügeln. Er zieht aus ihr nur die positive Energie, die zum Abschluss der anstehenden Aufgabe erforderlich ist.

Im Gegensatz dazu könnte der umgedrehte Wagen einen Kontrollverlust anzeigen oder eine Situation, die möglicherweise gefährlich werden könnte.

VIII. KRAFT

Schlüsselwörter: Innere Stärke, Leidenschaft, Männlichkeit, Vertrauen

Element: Feuer

Dieser Rabe hat sein herausforderndes Ziel, das wilde Tier zu zähmen, nicht durch rohe Gewalt erreicht. Er hat es geschafft, weil er seine Fähigkeit genutzt hat, sich mit einer höheren Energie zu verbinden und Vertrauen und Respekt zuzulassen. Die positive Energie, die der Rabe ausstrahlt, erlaubt es ihm, selbstbewusst auf der Nase des Löwen zu balancieren - nicht um zu demonstrieren, dass er ihn besiegt hat, sondern als Geste gegenseitigen Respekts. Der Rabe hat gelernt, sein Ego loszulassen und die vibrierende Angst in sich zu beruhigen. So ist es ihm möglich, die innere Führung seines Höheren Bewusstseins wahrzunehmen. Aus dieser Position heraus setzt er die wahre Stärke der Kraft ein.

Die Kraft-Karte legt nahe, dass du gerade eine Erfahrung machst, die dich dazu zwingt, die Energie, die in dir steckt, zu aktivieren. Dies gelingt nur durch das Erlangen inneren Friedens und der Befreiung von hinderlichen Einflüssen wie Ego-Ansprüchen und Angst.

Die umgedrehte Karte Kraft warnt dich vielleicht davor, dass du deine Gefühle nicht unter Kontrolle hast, und deine Motive auf Selbstzentriertheit oder Ängstlichkeit basieren. Frage dich, ob deine Kraft das Resultat von Macht oder Zwang ist.

IX. DER EREMIT

Schlüsselwörter: Meditation, Zeit für mich, Erleuchtung, Weisheit

Element: Erde

Der einsame, weise und gereifte Eremiten-Rabe hockt in stiller Besinnung versunken tief im Wald auf einem heiligen Baum. Während der fallende Schnee auf den Ästen landet, horcht er, was der Baum zu sagen hat. Der Rabe hat sein Wissen dem Baum, Symbol des Unterbewusstseins, zu verdanken. Nach seiner Auszeit ist er nun bereit, sein Wissen an diejenigen weiterzugeben, die willens und vorbereitet sind, in den dunkelsten Teil des Waldes zu reisen. In seinem Schnabel hält er eine Laterne, Symbol der Weisheit, um ihnen und dir den Weg zu weisen. Die weichen, hell glitzernden Schneeflocken stehen für Reinigung und deinen Aufbruch in Richtung Spiritualität. Durch sie wirst du zur Erfüllung auf deiner Reise finden.

Der umgedrehte Einsiedler zeigt dir, dass du dich nicht zur Selbsterforschung zurückgezogen hast. Vielmehr willst du den täglichen Herausforderungen entgehen, von denen du dich überwältigt glaubst. Wenn du zu viel Zeit alleine verbringst, kann das dazu führen, dass du dich isoliert oder ichbezogen fühlst. Frage dich dann, ob du gerade deine Batterien auflädst oder vor dem Leben zurückweichst.

X. RAD DES SCHICKSALS

Schlüsselwörter: Lebenszyklus, Höhen
und Tiefen, Glück

Element: Feuer

Das Leben gleicht einem ewigen Kreis-
lauf – genau wie das Rad des Schicksals. In
schwierigen Zeiten erinnert dich diese Karte daran, dass auch das Schlechte Gutes mit
sich bringen kann und dass Veränderung in
Sicht ist.

Die drei Raben im Innenkreis des Rads, die
Richtung Radmitte blicken, symbolisieren
deine innere Kraft das Rad zu bewegen,
und deine Fähigkeit zu steuern, wie viel
Zeit du „oben" oder „unten" verbringst.
Die acht Raben, die nach außen blicken,
stehen für die Radspeichen und für die
Energie, die jede der vier Himmelsrichtun-
gen besitzt. Obwohl diese Raben scheinbar
am Rad befestigt sind, bieten ihnen ihre
Flügel etwas Freiheit. Sie verweisen auf
deine Fähigkeit, aus schwierigen Situatio-

nen zu lernen und dich durch sie hindurch zu manövrieren.

In aufrechter Lage gibt diese Karte an, dass dir eine willkommene Veränderung bevorsteht. Vielleicht endet eine herausfordernde Zeit.

Umgedreht warnt dich das Rad jedoch davor, dass bald schwierige Zeiten anstehen. Wie schnell du das Rad zum Weiterdrehen bringst, hängt von dir ab. Die Frage, die du dir jetzt stellen solltest, lautet: Sind diese Probleme einfach auf Pech oder auf falsche Entscheidungen zurückzuführen?

XI. GERECHTIGKEIT

Schlüsselwörter: Fairness, Gleichgewicht, Gesetz

Element: Luft

Der Rabe schwingt sich mit ausgebreiteten Flügeln in die Höhe. In den Krallen hält er eine Waage. Er hat nichts zu verbergen.

Seine Aufrichtigkeit hat ihm Respekt eingebracht. Man vertraut ihm, dass er in jeder
Situation ausgeglichen und fair handeln
wird.

Der Rabe der Gerechtigkeit bringt dir die
Botschaft, dass du dir ausreichend Zeit
nehmen solltest, um ein Problem oder eine
schwierige Herausforderung von allen Sei-
ten zu beleuchten. Erst dann gilt es eine
Entscheidung zu treffen. Erscheint der Rabe
der Gerechtigkeit, ist es auch an der Zeit,
alle Konsequenzen einer Handlung abzuwägen.

Fällt die Gerechtigkeit umgedreht in einer
Legung, kann sie auf eine Person hinweisen,
die nicht völlig ehrlich war. Wenn du tief in
dein Inneres blickst, könntest du feststellen,
dass es sich dabei um dich selbst handelt.
Jetzt ist ein guter Moment, um deine per-
sönlichen Wahrheiten zu überprüfen.

XII. DER GEHÄNGTE

Schlüsselwörter: Verzögerung, Loslassen, Warten, Entscheidung verzögern

Element: Wasser

Der Rabe hängt kopfüber an dem blühenden Kirschbaum und lässt seine Flügel in völliger Hingabe nach unten fallen. Er ist bewegungslos, verharrt in dieser Haltung und lässt nahrhaftes Blut in sein Gehirn strömen. Fernab von jeglichem Lärm hat er losgelassen und ist mit sich im Frieden. In der Stille wird er die Antworten entdecken, die er braucht, um ein Projekt oder einen Wunsch voranzubringen.

Der Gehängte empfiehlt dir, eine Pause einzulegen und die Situation oder deine Pläne aus einem anderen Blickwinkel zu betrachten. Das kann zu einer längeren Verzögerung führen. Der Raben-Gehängte könnte dich dazu ermutigen, dich geistig und körperlich einer Situation zu entziehen, damit du deine Batterien aufladen und mit neuer

Vitalität an das Problem herangehen kannst. Diese Karte stellt möglicherweise auch ein Projekt dar, das aufgrund eines externen, von dir nicht beeinflussbaren Umstands gestoppt wurde. Die einzig richtige Vorgehensweise ist jetzt geduldig abzuwarten.

Im Gegensatz dazu hat der umgedrehte Gehängte das Gefühl, dass das, was er bisher investiert hat, im Vergleich mit dem bisherigen Ergebnis zu hoch war. Er kann auch auf jemanden verweisen, der den Glauben an seine Ideen verloren hat. Er ist kurz davor aufzugeben, anstatt die notwendige spirituelle Arbeit zu leisten, die bei der Lösung helfen würde.

XIII. TOD

Schlüsselwörter: Veränderung, Ende, Neuanfang, Transformation, Sterblichkeit

Element: Wasser

Der Rabe hat aufgehört zu kämpfen. Er hat

mit notwendigen Veränderungen Frieden geschlossen, um seinem Leben eine positive Richtung zu geben. Das Skelett auf der Karte symbolisiert Transformation.

Es dient dir auch als Warnung: Solange du nicht bereit bist, den Teil von dir zu opfern, der dich zurückhält, wirst du Schmerz oder Unbehagen empfinden. Die Karte Tod steht für eine tief greifende Veränderung, mit der du ein positives Ergebnis erzielen kannst, wenn du sie ohne Angst vor dem Unbekannten zulässt.

Der umgedrehte Tod ist in einer Auslage ein Zeichen dafür, dass du dich gegen diese Veränderungen wehrst und an Verhaltensweisen oder Denkmustern festhältst, die dein Fortkommen verhindern. In diesem Fall ist die Karte ein Hinweis darauf, alle Gewohnheiten zu analysieren, die dich daran hindern, dein volles Potenzial zu erlangen.

XIV. MÄSSIGKEIT

Schlüsselwörter: Mäßigung, Alchemie, Engelskommunikation

Element: Feuer

Dieser Rabe wirkt geduldig und ausgeglichen. Er hat die Kraft, nach außen Grazie und Ruhe auszustrahlen, während er in seinem Inneren fleißig Probleme angeht und Lösungen für komplizierte Sachverhalte findet.

Wenn die Karte Mäßigkeit in einer Legung auftaucht, dient sie dir als Zeichen dafür, dir bei einer bestimmten Angelegenheit einen weitreichenden Überblick zu verschaffen. Beispielsweise bevor du eine Reise antrittst oder einen Ausweg für ein Problem suchst.

Gleich dem Raben, der zwei Flüssigkeiten miteinander vermischt, kannst du versuchen, dich mit den Menschen in deinem Umfeld auszutauschen und abzustimmen. Wenn du bei deinem Thema mit anderen zusammenarbeitest, bitte sie um ihren Input und integriere ihre Ideen - vielleicht entsteht aus dieser Mischung etwas völlig Neues.

Umgedreht warnt die Karte vor Kurzsichtigkeit. Es könnte sein, dass es dir an Ausgewogenheit oder Harmonie in deinem Alltag mangelt. Die Karte fordert zur Mäßigung auf. Wenn du also in einer Situation übermäßig emotional reagierst, solltest du Wege suchen, deine Energie auszubalancieren.

XV. DER TEUFEL

Schlüsselwörter: Sucht, Fesseln, Versuchung, Gewalt

Element: Erde

Der Teufel kauert inmitten eines Flusses aus Blut auf seiner letzten Beute. Die Leben, die er zerstört hat, sind ihm gleichgültig. Seine Gegenwart kann sich kalt und dunkel anfühlen. Doch um einen Fang zu machen, setzt er manchmal seinen Charme ein und sorgt dafür, dass ihm sein ahnungsloses Opfer bereitwillig folgt. Später wird es entdecken, dass der Teufel ihm alle Freude genommen und durch Verzweiflung ersetzt hat. Auf der Karte ist ein kleiner Vogel, Symbol für Reinheit und einen freien Geist, den machtvollen Forderungen des Teufels erlegen. Er ist gefesselt, könnte sich jedoch befreien, wenn er es sich aufrichtig wünscht.

Die Teufels-Karte kann auf Süchte hinweisen, die dich daran hindern, echte Freiheit und wahres Glück zu finden. Sie stellt auch die Angst vor Veränderungen dar. Der Teufel macht dich darauf aufmerksam, dass du deine Ketten möglicherweise selbst erschaffen hast.

Der umgedrehte Teufel ist ein Zeichen dafür, dass du nicht länger von teuflischem Materialismus und übermäßigem Genuss geblendet wirst. Jetzt kannst du Geist und Körper von den Fesseln befreien, die dich davon abhalten, dein wahres Potenzial zu erkennen.

XVI. DER TURM

Schlüsselwörter: drastische Veränderung, Umbruch, Katastrophe

Element: Feuer

Jede Nacht versammeln sich die Raben, um in einem alten Glockenturm auf einem Hügel, fernab der Lichter der Stadt, zur Ruhe zu kommen. Dieser Turm dient als bequemer Unterschlupf, der jungen und alten Vögeln Schutz bietet. Jedenfalls so lange, bis sich blitzschnell, wie aus heiterem Himmel, etwas ändert.

Die Karte Turm warnt dich davor, nicht zu bequem oder selbstgefällig zu werden. Verlass dich nicht darauf, dass alles so bleibt, wie es ist. Schule deinen Geist darin, dass er stets mit Überraschungen rechnet, denn alles ist immer im Wandel. Manchmal verändern sich die Dinge fast unbemerkt - jedoch nicht, wenn der Turm in einer Auslage fällt. Du wirst den Wandel spüren, und er wird deine Grundfeste erschüttern. Wie du mit der Veränderung umgehst, hat direkten Einfluss auf deine Entwicklung. Die durch sie freigesetzte Energie kann etwas in dir auslösen, das dich in eine bessere Position manövriert. Was jetzt geschieht, liegt bei dir. Eine Wende ist jedoch unvermeidlich.

Der umgedrehte Turm ist ein Zeichen dafür, dass du alles in deiner Macht Stehende tust, um den Lauf der Dinge zu verhindern. So verzögerst du Erfahrungen, die deine Entwicklung und deinen Erfolg unterstützen.

XVII. DER STERN

Schlüsselwörter: Wünsche, Glück, Astronomie, Optimismus

Element: Luft

Der Rabe badet im kristallklaren Nachthimmel und lässt das Wasser über seine Flügel fließen, um negative Erfahrungen aus der Vergangenheit wegzuspülen. Ein Singvogel auf einem Ast bringt dem Raben ein Ständchen. Er kündet eine Zeit voll neu gefundenen Optimismus' an. Der Stern schenkt Hoffnung und überbringt die Botschaft, dass eine schwierige Phase in deinem Leben zu Ende geht.

Schon bald fühlst du dich stabil und geborgen. Du wirst eine tief greifende Transformation durchlaufen, die dich mit deiner spirituellen Seite verbindet und dadurch eine anhaltende Veränderung bewirken kann.

Beim umgedrehten Stern werden Hoffnung und Belebung durch ein Gefühl der Verzweiflung und mangelnder Motivation ersetzt. Sieh darin die Aufforderung, deinen Geist zur Ruhe zu bringen. Frage dich auch, was dich auf deinem Weg zurückhält. Höre auf dein Bauchgefühl. Es wird dich dabei unterstützen, Erfolg und Glück zu finden.

XVIII. DER MOND

Schlüsselwörter: Träume und Albträume, das Schattenselbst, Unterbewusstsein, Täuschung

Element: Wasser

Der Rabe ruht auf einem Ast in einem traumähnlichen Zustand. Er fixiert den Mond, der seinen Schatten, seine dunkle Seite, widerspiegelt. Unter ihm befindet sich ein Teich als Symbol seines Unterbewusstseins. Darin ist ein eingesperrter Vogel zu erkennen. Er repräsentiert die wilde Seite des Raben, die er bändigen und verbergen will, weil er sich ihrer schämt.

Der Mond beleuchtet Bereiche, in die du deine Unsicherheiten projizierst. Dadurch fällst du deinen eigenen schädlichen Kräften zum Opfer, die möglicherweise in deine Psyche eingedrungen sind.

Setze dich bei Mondlicht ruhig hin und reise nach innen. Mache dich auf die Suche nach

Schattenthemen in dir, in denen Angst und Furcht die Kontrolle übernommen haben.

Der Mond fragt dich, was du verbirgst. Er zeigt dir, dass es notwendig ist, alle Teile deines Wesens kennenzulernen und zu akzeptieren. Auch die, die du als Schwächen betrachtest. Nur so kannst du vollständig DU werden.

Der umgedrehte Mond könnte eine Zeit signalisieren, in der du dich von den Fesseln der Angst befreist und dein Leben in einem helleren, positiveren Licht siehst. Er kann auch auf eine Zeit erhöhter seelischer Aktivität hinweisen.

XIX. DIE SONNE

Schlüsselwörter: Optimismus, Positivität, Erfolg, Freude, Glück

Element: Feuer

Der Rabe steht furchtlos auf dem Rücken eines glitzernden weißen Pferdes, die Flügel in Freiheit nach außen gestreckt. Er öffnet sich der strahlenden Energie der Sonne. Diese erleuchtet seine Seele und führt alles, was er sich vorgenommen hat, zum Erfolg.

Die Sonne will dir sagen, dass das Glück auf deiner Seite ist. Schon bald wirst du die Helligkeit und die Wärme der Sonne spüren. Genieße jetzt all die Möglichkeiten, die derzeit in dein Leben kommen, und erlaube der Energie, die dadurch entsteht, deine Frequenz zu erhöhen.

Umgedreht ist diese Karte ein Zeichen dafür, dass du die Gaben der Sonne nicht genießen kannst. So neigst du zum Pessimismus –, was deinen Erfolg verhindert.

Merke: Auch wenn die Sonne von Wolken verdeckt wird, ihre Energie ist immer für dich da. Die Frage ist: Schaffst du es, hinter die Wolken zu blicken, um sie zu sehen?

XX. GERICHT

Schlüsselwörter: Übergang, Reinkarnation, Wiedergeburt

Element: Feuer

Der Rabe spricht zu all jenen, die bereit sind, sich aufzurichten und sich der Vergangenheit zu stellen, indem sie das über sie gefällte Urteil akzeptieren.

Nur wenn du deine Geschichte anerkennst, kannst du in die Zukunft gehen. Jetzt ist die Zeit geeignet, um zu meditieren und deiner inneren Stimme zu lauschen. Denn nur durch stille Kontemplation findest du einen Weg, dir und anderen zu vergeben.

Das Gericht kann eine Art Weckruf widerspiegeln, der dich seit Kurzem dazu bewegt, eine Bestandsaufnahme deiner dich blockierenden Gewohnheiten oder Lebensentscheidungen vorzunehmen.

Umgedreht bedeutet das Gericht, dass dir die Kontrolle über deine Entscheidungen fehlt, oder dass du deine Macht aufgegeben hast. Die Karte deutet möglicherweise auch auf eine Zeit des übermäßigen Bewertens hin. Dadurch könntest du eine wichtige Chance übersehen.

XXI. DIE WELT

Schlüsselwörter: Erfolgreiche Abschlüsse, Ende einer Reise, Ganzheitlichkeit

Element: Erde

Der feiernde Rabe tanzt umgeben von einem Lorbeerkranz und den vier Tierkreiszeichen Stier, Löwe, Skorpion und Wassermann. Sie symbolisieren nicht nur die vier Elemente, sondern auch die vier Jahreszeiten, die den Lauf der Zeit kennzeichnen.

Die Welt ist die letzte Karte der Großen Arkana und stellt das erfolgreiche und fruchtbare Ende einer Reise dar, die du bereits mit einem allerersten Schritt angetreten hast. Sie steht für eine Phase großer Freude und Erleichterung, denn die Mühe, die du investiert hast, hat sich endlich ausgezahlt. Es ist so weit, das Glücksgefühl über eine gelungene Arbeit zu genießen.

Umgedreht könnte diese Karte darauf hinweisen, dass du versuchst, ein Projekt zu beenden. Du hast jedoch möglicherweise die ursprüngliche Vision aus den Augen verloren und kommst nicht weiter, bis du den nächsten Schritt herausgefunden hast. Vielleicht ist in deinem Leben auch eine Beziehung zerbrochen, ohne einen richtigen Abschluss kannst du dich jedoch nicht vorwärts bewegen. Nimm dir die Zeit, nach innen zu schauen und lass dir von deinem inneren Kompass die Richtung weisen. So bringst du deine Welt von alleine wieder in Ordnung.

KLEINE ARKANA

DIE STÄBE

Schlüsselwörter:
Intuition, Kreativität, Aktion
Element: Feuer

ASS DER STÄBE

Der Rabe stürzt vom Himmel herab und landet auf einem Stab, der den Beginn eines Weges zu einer pulsierenden Stadt in der Ferne markiert. Diese Karte bestätigt, dass der Rabe auf der richtigen Spur ist, und Erfolgschancen vor ihm liegen. Die blühenden Frühlingsblumen stehen für einen Neuanfang. Durch die Luft schweben kleine weiße Federn. Sie überbringen dir die Botschaft, dass das Ass der Stäbe einen göttlich geführten Neustart darstellt.

Umgedreht kann das Ass der Stäbe darauf hinweisen, dass dir ein Hindernis den Weg versperrt. Jetzt ist ein guter Moment, um darüber nachzudenken, ob deine Reise aufgrund eines äußerlichen Problems, beispielsweise zu vieler Verantwortlichkeiten, fehlschlägt. Oder gibt es ein innerliches Problem? Hast du vielleicht keine wirklichen Wünsche?

ZWEI STÄBE

Die beiden Raben halten jeweils einen nach oben gerichteten Stab im Schnabel. Sie tun dies voller Geduld und Ausgeglichenheit. Es braucht Geschicklichkeit und Stärke, um die Weltkugel, die auf den Stäben liegt, zu balancieren. Treffen die Stäbe aufeinander, so erzeugen sie einen Funken. Dieser wiederum setzt eine Idee in Gang, die den Weg zum Erfolg ebnet.

Die beiden Vögel auf der Karte signalisieren

mögliche Reisen und die Notwendigkeit, Entscheidungen zu treffen, die dein Leben verändern. Jede Reise bietet die Chance einer neuen Erfahrung. Die Zwei Stäbe fordert dich auf, deine Komfortzone zu verlassen, da deine Bestimmung auf dich wartet.

Die umgedrehte Zwei Stäbe ist eine Nachricht für dich, nach Bereichen in deinem Leben zu suchen, in denen du nur ungern eine Entscheidung triffst oder keine Prioritäten setzen kannst.

DREI STÄBE

Gierig nach einem neuen Abenteuer blickt der Rabe über ein weites Gewässer in der Ferne, wo er ein unbekanntes, zu erkundendes Land erspäht. Er ist bereit, den gewohnten Komfort seines Heims zurückzulassen, um zu neuen Taten und Erfahrungen aufzubrechen.

Die Drei Stäbe empfiehlt dir, nach einem

Anfang oder einer spannenden Gelegenheit in deinem Leben zu suchen – sei dies eine Reise ins Ausland, der Beginn eines Projekts oder einer Weiterbildung. Diese Karte überbringt dir die Botschaft, dass es jetzt an der Zeit ist, deinen Träumen zu folgen. Diese können höchst bedeutsam und so ausufernd wie das Meer sein. Gehe vertrauensvoll voran. Du wirst das Gewässer überqueren.

Umgedreht deutet die Drei Stäbe auf einen Rückschlag hin. Obwohl der Plan in deinem Kopf gut ausgearbeitet war, gibt es in der Realität einen unvorhergesehenen Haken, der dich zurückhält. Vielleicht hast du auch einfach Pech. Die Karte kann auch ein Zeichen dafür sein, dass dein Herz nicht bei der Sache ist.

VIER STÄBE

Zwei Raben plaudern liebevoll miteinander,
während sie das Ende eines schönen Tages
feiern.

Die Vier Stäbe bezeichnet eine Zeit des
Friedens und der Harmonie, insbesondere
in Bezug auf die Familie und dein Zuhause.
Sie kündigt auch einen freudigen Anlass -
eine Geburt oder Hochzeit - in naher Zukunft an. Du kannst die Vier Stäbe außer-
dem als Erinnerung betrachten, dich wieder
einmal mit all denen zu treffen, die Freude
und Glück in dein Leben bringen. Gib eine
Party, organisiere ein Grillfest oder besuche
Freunde. Auch wenn es sich in diesem Moment vielleicht noch nicht so anfühlt: Bald
wirst du einen Grund zum Feiern haben.

Umgedreht repräsentiert die Vier Stäbe ein
instabiles Privatleben oder den Zusammen-
bruch einer Beziehung. Obwohl du weißt,
dass die Veränderung auf lange Sicht für
dein Wachstum von entscheidender Bedeu-

tung wäre, ist es möglicherweise schwierig für Dich jetzt eine positive Einstellung zu bewahren.

FÜNF STÄBE

Fünf Raben ringen miteinander am Himmel. Jeder Rabe hält einen andersfarbigen Stab. Alle symbolisieren jeweils verschiedene Geschichten, Philosophien und Hintergründe. Obwohl der Konflikt vordergründig gewalttätig erscheinen mag, stehen die Raben im herzlichen Wettstreit miteinander und kämpfen nicht bis zum Tod.

Diese Karte legt nahe, dass ein freundschaftlicher Disput ein Projekt mit gutem Erfolg vorantreiben wird. Die Fünf Stäbe kann auch auf ein Treffen anspielen, das verschiedene Gruppierungen zusammenbringt, um ein einzelnes Problem zu lösen.

Umgekehrt deutet die Fünf Stäbe auf eine konfliktscheue Person hin, die Meinungsverschiedenheiten vermeidet, selbst wenn diese zu positiven Resultaten führen würden.

SECHS STÄBE

Als Symbol des Sieges badet der Rabe hoch auf einer Leiter aus sechs Stäben inmitten eines Lorbeerkranzes im Sonnenlicht. Der Rabenschwarm zollt ihm Respekt und Bewunderung.

Dieser Rabe kommt zu dir als Zeichen der Anerkennung deiner harten Arbeit und überbringt dir eine aufmunternde Botschaft: Du wirst nicht nur bei deinen zukünftigen Bemühungen Erfolg haben, sondern auch den Respekt und die Bewunderung anderer gewinnen.

Umgedreht warnt die Sechs Stäbe davor, dass dein Projekt nicht so erfolgreich sein wird, wie du es dir vorgestellt hast. Die Karte kann auch eine Situation beschreiben, die möglicherweise deinen Ruf in deinem

Umfeld gefährdet. Dies sind natürlich nur Ermahnungen zur Vorsicht. Letztendlich entscheiden deine Taten über das Ergebnis. Die Sechs Stäbe fragt dich, ob du dir vielleicht selbst im Weg stehst.

SIEBEN STÄBE

Der Rabe versucht sein Territorium auf dem Berg zu verteidigen. Die herannahenden Raben sind darauf aus, ihn hinabzustürzen und seinen Platz einzunehmen.

Diese Karte erinnert dich daran, dass du, auch wenn du etwas erreicht hast, nicht selbstgefällig werden darfst, da es Menschen geben wird, die glauben auf deinen Platz zu gehören. Die Sieben Stäbe fordert dich dazu auf, selbstbewusst und mutig zu sein, wenn du dich Herausforderungen stellen musst. An der Spitze wird es nicht immer einfach sein, aber du hast dir das Recht verdient, dort zu stehen.

In der umgedrehten Lage könnte die Sieben Stäbe eine Zeit anzeigen, in der du ohne Selbstvertrauen bist und dich zu schwach fühlst, um dich zu verteidigen. Du merkst vielleicht, dass du dich zurückziehst - nur um Konflikte zu vermeiden. Nutze die Gelegenheit, dein Selbstbewusstsein wieder zu entdecken und dein Selbstwertgefühl aufzubauen.

ACHT STÄBE

Der Rabe bewegt sich flink durch die Luft, beflügelt von den Energieströmungen, die die Acht Stäbe freisetzt. Diese Karte bringt eine Vitalität des Geistes mit sich, wenn sie in einer Legung auftaucht.

Zögere nicht: Jetzt ist die richtige Zeit, um zu handeln. Die Kraft dieser Karte ist dynamisch und expansiv. Ein enger Fokus nutzt dir derzeit nichts. Du musst das große Ganze überblicken können. Da sich die Energie dieser Karte schnell bewegt, lautet ihre Botschaft: Stelle unbedingt sicher, dass jede einzelne Aufgabe abgeschlossen ist, bevor du zum nächsten Punkt übergehst.

Im Gegensatz dazu gerät ein klarer Plan durcheinander, wenn die Karte umgedreht liegt. Das kann an äußeren Einflüssen oder Verzögerungen liegen, oder du versuchst jede Idee zu realisieren, die dir gerade durch den Kopf geht. Wenn du dich überfordert fühlst, solltest du dir die Zeit nehmen, darüber zu meditieren, worauf du deine Energie wirklich konzentrieren möchtest.

NEUN STÄBE

Nach großen Anstrengungen ist eine letzte Aufgabe fast vollendet. Der Rabe fügt hochkonzentriert den neunten Stab zu den bereits acht aufgestellten hinzu. Die Neun Stäbe steht für eine Herausforderung in der finalen Phase eines Projekts. Trotz der beständigen Erfolge der Vergangenheit gibt es noch ein Hindernis, das überwunden werden muss, bevor es weitergeht.

Die Neun Stäbe will dich zum Weitermachen ermutigen! Nimm dir einen Moment Zeit, um dich in all dem zu sonnen, was du bereits geschafft hast. So erhältst du die Motivation dranzubleiben. Du bist fast am Ende angelangt. Jetzt ist nicht der Zeitpunkt aufzugeben, nachdem du so hart gearbeitet hast. Lass ab von negativen Gefühlen oder Groll, öffne deinen Geist und visualisiere deinen erfolgreichen Abschluss.

Umgedreht warnt die Neun Stäbe davor, andere dafür verantwortlich zu machen, dass die Dinge nicht voranschreiten. Sie fordert dich auf nach innen zu schauen: Stehen dir die Hindernisse im Weg, um dir eine Lektion zu erteilen? Oder sabotierst du dich selbst, weil du Angst hast, dich ganz auf die Idee oder das Projekt einzulassen?

ZEHN STÄBE

Aus der Ferne hatten die Zehn Stäbe nicht so groß auf den Raben gewirkt. Doch nachdem der Rabe sich einmal dazu verpflichtet hatte, die Stäbe zu tragen, stellte er sich rasch die Frage, ob er die richtige Entscheidung getroffen hat und die Aufgabe jetzt überhaupt bewältigen kann. Ist sie überhaupt der Mühe wert?

Diese Karte gemahnt zur Vorsicht: Möglicherweise hast du Verantwortungen auf dich genommen, die sich als Überforderung herausstellen. Die Zehn Stäbe kann aber auch eine innere Stärke widerspiegeln, die dich in einer Zeit der Anstrengung unterstützen wird.

Umgedreht erinnert die Zehn Stäbe daran, dass das Hinausschieben kleinerer Aufgaben zu einer erheblichen Belastung führen kann.

BUBE DER STÄBE

Der Bube der Stäbe sitzt auf einem Stab und verkündet lauthals eine Botschaft. Er gilt allgemein als Überbringer guter Nachrichten. Er liefert Ideen und sorgt für ein kreatives Lebensgefühl, das jeden Raum erstrahlen lässt. Seine lebendige, jugendliche Energie ist stark genug, um eine Richtungsänderung zu verursachen oder ein ursprüngliches Projekt voranzutreiben. Er liebt Abenteuer. Doch obwohl er bereit ist zu reisen, wohin seine Flügel ihn tragen, ist er nicht leichtsinnig. Der Bube ist ein Freigeist und setzt immer seine ganze Energie ein, bei dem, was er tut. Auch nimmt er alles in sich auf, was die Welt ihm zu bieten hat.

Wenn der Bube der Stäbe umgedreht in einer Legung erscheint, kann er auf ein Projekt hinweisen, das festgefahren ist, oder aufgrund unvorhergesehener Komplikationen nicht begonnen werden kann. Vielleicht hast du auch einfach das Interesse daran verloren.

Während er aufrecht eine gutherzige Person symbolisiert, kann er umgekehrt als aggressiver, unreifer Tyrann in dein Leben treten.

RITTER DER STÄBE

Der Ritter der Stäbe gibt sich der stürmischen Energie seines Pferdes hin und bewegt sich mit ungebremster Kraft und Entschlossenheit vorwärts. Der Rabe fliegt frei unter einer Sonne, die hoch am Himmel steht. Er zeigt sich siegesgewiss, auch wenn er von Zeit zu Zeit unsicher ist, wohin die Reise geht.

Der Ritter der Stäbe repräsentiert eine Person, die losprischt, ohne die Konsequenzen ihrer Aktivitäten vorher abzuwägen. Er strahlt eine pure Form des Enthusiasmus' aus, eine dringend benötigte Zutat, wenn du einen Plan ausführen möchtest.

Diese Karte weist zusätzlich darauf hin, dass Leidenschaft zwar wichtig ist, du aber auch inneres Gleichgewicht und einen klaren Verstand brauchst, um aus einem Projekt oder einer Situation einen Erfolg zu machen.

Der umgedrehte Ritter der Stäbe macht dich darauf aufmerksam, jemanden im Auge zu behalten, der zu ungeduldig ist. Diese Person übersieht oft wichtige Informationen, und so enden viele ihrer Aktionen mit einem Fehlschlag.

KÖNIGIN DER STÄBE

Die auf ihrem doppelköpfigen Löwenthron sitzende Raben-Königin ist eine dominante Kreatur. Niemand würde diesem Vogel Bescheidenheit vorwerfen.

In Legungen symbolisiert sie oft eine mutige, furchtlose und entschlossene Person mit einem Erfolg versprechenden Plan. Die Königin der Stäbe nutzt Herausforderungen als Gelegenheit, etwas Neues über sich zu lernen. Die Energie der Raben-Königin ist gesund und wendig, da sie sich lebhaft durch die Welt bewegt. Sie hat eine Vorliebe für das Beste, was zu haben ist. Daher wirst du sie nie in der Nähe von Abfalltonnen finden. Sie nutzt ihren kreativen, schnellen Verstand, um die Feinheiten des Lebens wahrzunehmen.

Wenn diese Karte in einer Legung umgedreht zum Liegen kommt, ist dies ein Zeichen dafür, dass es der Königin der Stäbe an Selbstvertrauen mangelt. Sie fürchtet sich davor, ihr Potenzial nicht ausschöpfen zu können. Sie fordert dich auf, tief in dein Inneres zu schauen und dich zu fragen, ob eine Angst Dich vor etwas zurückhält.

KÖNIG DER STÄBE

Der König der Stäbe ist ein starker Rabe. Selbstbewusst sitzt er auf dem Löwenthron. Er gilt als unternehmerisch-orientierter Vogel, der ein Konzept erstellen und damit in die Höhe fliegen kann. Unter seiner Aufsicht verwandeln sich Ideen in Realität und erreichen ihr höchstmögliches Potenzial. Er strebt unermüdlich nach Perfektion und hält seinen laserartigen Fokus stets auf das anvisierte Ziel gerichtet. Dieser Raben-König ist auch ein charismatischer und geborener Anführer, wobei er manchmal ein bisschen arrogant sein kann.

In einer Legung steht die Energie des Königs der Stäbe entweder für dich selbst oder für jemanden, der eine klare Vorstellung davon hat, was für den Erfolg eines Projekts umgesetzt werden muss. Nimm seine Präsenz als Bestätigung, dass das Bündeln deiner Energie zu einem positiven und fruchtbaren Ergebnis führt.

Der umgedrehte König der Stäbe kann dich davor warnen, dass du in geschäftlichen Angelegenheiten manipulativ oder rücksichtslos bist. Er kann auch ein Hinweis darauf sein, dass voreilige Entscheidungen deine Pläne negativ beeinflussen.

DIE KELCHE

Schlüsselwörter:
Übersinnlich, kreativ, Liebe,
Träume, Gefühl
Element: Wasser

——◆•◆——

ASS DER KELCHE

Der Rabe sitzt auf dem Rand eines Kelchs
und verbindet sich mit der zutiefst intuitiven
Energie des Wassers, das in fünf Strahlen aus
dem Gefäß fließt. Sie repräsentieren die fünf
Sinne. Rosige Lotosblumen schwimmen auf
dem Wasser und symbolisieren Reinheit und
einen aufgeweckten Geist. Das Ass der Kelche bezeichnet den Beginn einer schönen,
liebevollen Beziehung und bietet die Möglichkeit, sowohl spirituelle als auch körperliche Erfüllung zu finden.

Du fühlst dich zu jenen hingezogen, die sich auf einem ähnlichen spirituellen Pfad befinden, um mit diesen Menschen glückliche Verbindungen eingehen zu können.

Wenn das Ass der Kelche umgedreht auftaucht, kann dies die Aufforderung sein, deine Emotionen stärker zu kontrollieren. Die Karte kann aber auch bedeuten, dass du womöglich deine Gefühle zu lange unterdrückt hast und somit kalt oder distanziert geworden bist.

ZWEI KELCHE

Die Raben auf dieser Karte teilen die Energie des Wassers, das zwischen zwei Kelchen hin- und herfließt. Während unter ihnen ein Herz schlägt, schwebt über ihnen ein Caduceus –, der Stab des Götterboten Hermes/Merkur –, der Verhandlungen und Partnerschaft symbolisiert. Die Zwei Kelche steht für eine neue romantische Verbindung. Sie kann aber auch eine solide und vertrauensvolle Geschäftsbeziehung anzeigen. Das Rabenpaar ist ausgeglichen, beide sind zufrieden und teilen eine gemeinsame Vision. Ähnlich wie Die Liebenden (Trumpf VI) kann die Zwei Kelche auf eine karmische Verbindung hindeuten, die jedoch nicht unbedingt romantischer Natur sein muss.

In aufrechter Lage stellt die Zwei Kelche eine harmonische Beziehung in Aussicht. Die umgedrehte Karte zeigt, dass du es schwierig findest, mit deinem Partner oder deiner Partnerin übereinzustimmen. Es könnte sein, dass es an Respekt fehlt oder unausgewogene Machtverhältnisse zwischen euch bestehen, die zu Ressentiments führen.

DREI KELCHE

Zeit zum Feiern! Die drei Raben spielen fröhlich miteinander und trinken aus Kelchen, die bis zum Überlaufen mit Wasser gefüllt sind. Nahrung ist reichlich vorhanden, und die warme Sonne zaubert einen friedlichen Glanz über den Garten. Die Raben teilen gemeinsame Freude. Sie entsteht durch die positive Energie, die jeder von ihnen mitgebracht hat.

Diese Raben lassen dich wissen, dass jetzt Verspieltheit wichtig ist, und du dir ausreichend Zeit nehmen solltest, um mit lieben Menschen und der Familie genussvoll zusammen zu sein.

Umgedreht kann die Drei Kelche darauf verweisen, dass du das Gefühl hast, dass deine Stimme nicht gehört wird oder du dich von einer Gruppe gemobbt fühlst. Nimm es als Zeichen, wieder mit den wahren Freunden in Kontakt zu treten, die du aus den Augen verloren hast.

VIER KELCHE

Der Rabe im Baum achtet weder auf den Kelch am Himmel, noch auf den Inhalt der Kelche unter ihm. Er hat sich von seiner Gemeinschaft abgesondert, hat keine Lust irgendetwas zu tun und langweilt sich beim Anblick eines weiteren glänzenden Objekts. Die Vier Kelche spielt auf eine Zeit der Depression an und auf die Unfähigkeit, etwas zu finden, was dich begeistert. Du steckst möglicherweise in einer Phase der selbst auferlegten Dunkelheit, sei es aus Enttäuschung oder wegen einer unglücklichen Beziehung. Die Karte bittet dich, nach innen zu schauen und das zu suchen, was dich unter diesen Baum der Unzufriedenheit gebracht hat. Jetzt ist die Zeit günstig, um eine Bestandsaufnahme all der Dinge zu machen, die sich positiv entwickelt haben. Dies ist der schnellste Weg deine Stimmung zu verbessern.

Wenn die Vier Kelche umgedreht in einer

Legung auftaucht, könnte dies darauf hindeuten, dass sich die harte Arbeit, die du geleistet hast, auszahlt, und alle Not oder Schwierigkeiten bald ein Ende haben werden.

FÜNF KELCHE

Der Rabe auf der Karte Fünf Kelche steht an einem Ufer, aufgezehrt von einem Verlust und unfähig, den Weg aus seiner Verzweiflung zu finden. Da er sich nur auf das konzentriert, was er verloren hat, kann er den Reichtum um sich herum nicht sehen.

Die Fünf Kelche empfiehlt dir, von deinem Mangeldenken abzulassen und nach positiven Bereichen in deinem Leben zu suchen. Die Botschaft der Fünf Kelche lautet: Ersetze Gefühle der Entbehrung durch Dankbarkeit!

Wenn die Fünf Kelche umgedreht auftaucht, ist dies ein Zeichen dafür, dass du aus vergangenen Verlusten gelernt hast und bereit bist, nach vorn zu schauen. Die Fähigkeit, aus Fehlern der Vergangenheit zu lernen, wird es dir ermöglichen zu erkennen, wie du diese akzeptieren kannst.

SECHS KELCHE

Der Rabe kehrt an den Ort seiner Jugend zurück, auf der Suche nach seinem „inneren Küken", sprich: seinem inneren Kind. Er steht in einem Kelche-Feld und füllt sein Herz mit heilenden Erinnerungen an eine weniger komplizierte Zeit seines Lebens.

Wenn du dich von den alltäglichen Aufgaben überlastet fühlst, bringt dir die Sechs Kelche die Botschaft, dass du eine Pause einlegen und dich an einen Moment erinnern solltest, an dem du dich frei gefühlt und dein Dasein genossen hast. Ganz gleich, ob du eine Reise in deine Heimatstadt oder vielleicht an einen Lieblingsurlaubsort machst: Es ist so weit, deinen Geist zu beleben und Energie zu tanken.

Umgedreht fragt dich die Sechs Kelche, ob du dich nicht zu sehr an die Vergangenheit klammerst und daher in deinem gegenwärtigen Leben keine Freude finden kannst.

SIEBEN KELCHE

Der Rabe ruht sich aus, während er von all den Dingen träumt, die er besitzen will. Einige seiner Träume bringen ihm Liebe und Sieg, andere warnen vor Verlust oder Betrug. Da sich der Rabe so viele Optionen geschaffen hat, fällt es ihm schwer, sich für eine Sache verbindlich zu entscheiden. Er steckt fest.

Die Sieben Kelche empfiehlt dir, einen Schritt zurückzutreten und all deine Chancen abzuwägen. Nimm dir die Zeit, die Vor- und Nachteile jeder Möglichkeit zu prüfen. Es ist völlig in Ordnung ein Träumer zu sein, aber irgendwann musst du dich mit dem realen Leben auseinandersetzen.

Liegt die Karte umgedreht in einer Auslage, macht dich die Sieben Kelche darauf aufmerksam, dass du jede wache Stunde damit verbringst, dich nicht der Realität zu stellen. Aus diesem Grund kannst du auch deine Visionen nicht vollständig verwirklichen.

ACHT KELCHE

Der Rabe steht am Ufer eines Flusses. Er hat den goldenen Bechern, die materiellen Wohlstand und Besitz symbolisieren, den Rücken gekehrt. Er ist bereit davonzufliegen und alles hinter sich zu lassen. Der Mond repräsentiert sein Schattenselbst und seine wahre Natur, die er zu unterdrücken versucht, aber nicht leugnen kann.

Die Acht Kelche bittet dich nach innen zu schauen und herauszufinden, was du in deinem Leben willst und was dir wichtig ist. Die

Karte legt nahe, dass es jetzt wichtig wäre, loszulassen und zu neuen Ufern aufzubrechen, um dein wahres Glück zu finden. Auch wenn dies großer Anstrengung bedarf.

Die umgedrehte Karte zeigt an, dass du eigentlich an deinem spirituellen Selbst und der Überwindung des Materialismus' arbeiten willst. Jedoch hindert dich Verlustangst daran, eine Entscheidung zu treffen. Infolgedessen stagniert deine Entwicklung.

NEUN KELCHE

Der stolze Rabe sitzt auf all den Reichtümern, die er bisher ansammeln konnte. Da er jeden seiner Wünsche aktiv verfolgt hat, haben ihn die positiven Energien des Universums dabei unterstützt, die Erfüllung seiner Sehnsüchte sicherzustellen. Seine Mission ist nun abgeschlossen, und er kann ein Leben genießen, das wesentlich mehr als seine Bedürfnisse befriedigt. Er fühlt sich ein wenig überlegen, aber auch unglaublich dankbar für sein Dasein voller Freizeit und Komfort.

Wenn die Neun Kelche in einer Legung auftaucht, kannst du dich darauf einstellen, das Glück und die Freude eines erfüllten Wunsches anzunehmen: Du hast es dir verdient. Im Gegensatz dazu deutet die umgedrehte Neun Kelche an, dass du mit der Einstellung durchs Leben gehst, die Welt habe dir deine Sehnsüchte zu befriedigen, ohne dass du selbst Arbeit in deine Projekte investierst. Dadurch konzentrierst du dich nur auf ein Gefühl des Mangels, und so fällt es dir schwer, die Dinge zu realisieren, die du am meisten willst.

ZEHN KELCHE

Ein glückliches Rabenpaar sitzt auf dem blühenden Zweig eines Kirschbaums und beobachtet, wie ihre Kinder bequem in ihrem Nest ruhen. Die Szene ist von Frieden und Zufriedenheit geprägt. Das Paar hat seine Träume verwirklicht, nun bringt jeder neue Tag ein Gefühl von Liebe und Erfüllung. Die Zehn Kelche steht für eine Zeit äußerster Freude.

Eine andere Botschaft dieser Karte wäre die Ankündigung einer romantischen Beziehung – die durchaus zu einer lebenslangen Partnerschaft führen könnte. Nimm dir einen Moment Zeit, um dich in der positiven Energie der Zehn Kelche zu sonnen. Reichlich Glück wird sich schon bald bei Dir einstellen.

Umgedreht weist die Zehn Kelche vielleicht darauf hin, dass du dich von deinen Lieben getrennt fühlst oder nicht in der Lage bist, dich mit ihnen zu vergnügen und zu entspannen. Diese Karte kann dich auffordern darüber nachzudenken, in welcher Form du ein harmonischeres Leben mit deinen Mitmenschen gestalten möchtest.

BUBE DER KELCHE

Der Bube der Kelche ist ein kreativer Rabe, der praktisch überall, wohin er blickt, Inspiration findet. Der Rabe beugt sich in den Kelch hinein und hört einem Fisch zu, der romantische Liebesgeschichten und Abenteuer spinnt. Dieser junge, energische Vogel begeistert sich dafür, neue Ideen und Erfahrungen zu entdecken, vor allem, wenn sie unkonventionell erscheinen. Seine Vision der Welt ist fast kindlich: voller Verspieltheit und Wunder.

Der Bube der Kelche will dich daran erinnern, dass Träume oft die Antworten oder Inspirationen liefern, die wir ersehnen. Bleib aufgeschlossen, da alternative Lösungen vielleicht aus einer anderen oder sehr kreativen Perspektive gefunden werden.

Während diese Karte normalerweise das innere Kind feiert, zeigt sie umgedreht, dass du oder jemand, den du kennst, möglicherweise unreif auf ein Problem reagiert, mit dem er konfrontiert wird. Eine unerwünschte Situation kann das Ergebnis von Drogenmissbrauch oder einem zu geringen Einfühlungsvermögen sein. Du hast vielleicht unrealistische Erwartungen, die dich am Abschluss eines Projekts hindern.

RITTER DER KELCHE

Der Ritter der Kelche ist ein ruhiger, gesunder und fürstlicher Rabe. Er stürmt nicht mit seinem Pferd dahin, sondern hat gelernt seine Energie zu nutzen, um seine Botschaften ruhig zu übermitteln. Die Blumen, die sein Pferd schmücken, und die Fische, die ein Muster am Himmel bilden, symbolisieren die Geschenke dieses Ritters: Kreativität und Intuition.

Er ist ein verträumter Vogel, der dich schnell tief beeindrucken kann. Es besteht jedoch die Tendenz, dass sich dieser Ritter in seine Träume verwickelt. Oft schafft er es nicht, seine sich selbst gesetzten Ziele zu erreichen.

Der Ritter der Kelche kann als kreativer Denker in dein Leben treten, der dich bei einem Projekt unterstützt. Er kann in deinen Träumen oder Gedanken als Geistesblitz auftauchen, der dir plötzlich durch den Kopf schießt. Achte auf die Botschaft, die dir dieser königliche Herold überbringt.

Wenn der Ritter der Kelche umgedreht zum Liegen kommt, kann er entweder eine Person darstellen, die übermäßig emotional ist und Schlussfolgerungen zieht, ohne alle Fakten zu kennen. Oder er weist auf eine Beziehung hin, die ihre Kreativität verloren hat und alltäglich geworden ist.

KÖNIGIN DER KELCHE

Umgeben von den Geschenken des Ozeans sitzt die heitere Raben-Königin auf ihrem Thron und blickt hinaus aufs Wasser, wo sie sich mit ihrem Unterbewusstsein verbindet und Nachrichten von ihrem Höheren Selbst empfängt. Der Kelch vor ihr ist mit Federn bedeckt und repräsentiert ihre innere Gedankenwelt.

Die Königin der Kelche steht für liebevolle, intuitive Energie, die in einer Phase, in der du nach Heilung suchst, vielleicht von einer älteren Frau in deinem Leben ausgeht. Diese Energie kann sich auch in Zeiten, in denen du Eigenliebe benötigst, in dir selbst manifestieren. Die Königin der Kelche bringt die Geschenke des Mitgefühls und der emotionalen Verbundenheit mit. Sie können für dich gedacht sein, oder du übergibst sie selbst jemandem, der sie gerade braucht.

Die umgedrehte Königin der Kelche repräsentiert eine Person, die in ihren eigenen Gefühlen gefangen ist. Sie hat gelernt, ihre Emotionen zu unterdrücken, um nicht zu sensibel zu werden. Daher fühlt sie sich möglicherweise von ihren Empfindungen abgeschnitten.

KÖNIG DER KELCHE

Der König der Kelche gleitet auf einem Thron übers Wasser. Er ist ein Zen-Meister, der vollständige Kontrolle über seine Gefühle hat. Dieser königliche Vogel kann die turbulentesten Situationen voller Anmut und Mitgefühl bewältigen.

Wenn dir der König der Kelche einen hoheitlichen Besuch abstattet, kann dies ein Signal sein, dass du dir eine Auszeit nehmen solltest, um über die Gefühle, die eine Situation bestimmen, nachzudenken. Welche emotionalen Auslöser tauchen regelmäßig auf und stehen einer Verbesserung im Wege?

Wenn der König der Kelche umgedreht bei dir erscheint, hat er sich in einen emotionalen Vampir verwandelt. Der König kann dann darauf hindeuten, dass du manipuliert wirst oder Gefühle als Mittel zur Erpressung verwendest. Diese Karte fordert dich auf herauszufinden, wie deine Empfindungen und Handlungen die Situation beeinflussen.

DIE SCHWERTER

ASS DER SCHWERTER

Der Körper des Raben ist eins geworden mit dem Ass der Schwerter, so dass es scheint, als könne dieses Ass pfeilgerade in den Himmel hinauf fliegen.

Das Ass der Schwerter bringt dir dynamische, ursprüngliche Energie. All jenen, die über die ausreichende geistige und körperliche Stärke verfügen, bietet es eine Kraft, die jede Barriere schnell durchbricht. Die Karte repräsentiert eine Zeit der Ideen, der Problemlösungen und der Geistesblitze.

Ganz gleich, ob du dich für etwas engagierst

oder Fragen während eines Vorstellungsgesprächs beantwortest – du bist in der Lage, deine Ansichten mit Leidenschaft und Zielgerichtetheit zu artikulieren.

Das umgedrehte Ass der Schwerter deutet darauf hin, dass es dir schwerfällt, ein Projekt zu Ende zu führen, da es dir an Vorstellungskraft mangelt.

ZWEI SCHWERTER

Der Rabe balanciert mit verbundenen Augen auf den Klingen zweier Schwerter. Er bleibt ruhig an Ort und Stelle, unfähig, die Schneiden zu sehen oder zu wissen, wohin er als Nächstes hüpfen kann, ohne sich zu verletzen. Er hat Angst, einen gefährlichen oder schmerzhaften Fehler zu machen.

Die Zwei Schwerter legt nahe, dass du dich schwertust, eine wichtige Entscheidung zu treffen, weil du glaubst, dass du nicht den vollständigen Überblick hast, oder wertvolle Informationen zurückgehalten werden.

Wenn du dich festgefahren fühlst, überprüfe, woher die Angst kommt und suche nach den Schritten und Informationen, die du brauchst, um sicher weitermachen zu können.

Wenn die Zwei Schwerter umgedreht liegt, wird das Problem mit der Unentschlossenheit verstärkt. Du kannst aufgrund einer Informationsüberflutung keine Klarheit erlangen. Das verwirrt dich noch mehr und macht es dir unmöglich herauszufinden, was jetzt am wichtigsten ist.

DREI SCHWERTER

Der Rabe schaut seinem davonfliegenden Partner nach. Die drei Schwerter, die ein Herz durchbohren, repräsentieren das Rabenpaar und das Problem, das zu ihrer Trennung geführt hat. Die Karte Drei Schwerter symbolisiert eine Zeit der Schmerzen und des Verlusts. Ohne Schmerz würden wir jedoch niemals wahres Glück begreifen und ohne Verlust würden wir das, was wir besitzen, nicht wertschätzen können. Die von der Drei Schwerter angezeigte Traurigkeit lässt sich nicht vermeiden, doch bietet die hier dargestellte Situation auch eine wichtige Lektion, die für das persönliche Wachstum im Leben wesentlich ist.

Die Drei Schwerter fordert dich auf, Schritte einzuleiten, um zu lernen, wie du dein Herz und deine Seele heilen kannst.

Liegt die Karte umgekehrt, fällt es dir schwer eine schmerzhafte Situation zu verabschieden. Vielleicht hältst du auch an einem alten Groll fest. Jetzt ist eine ausgezeichnete Zeit, um eine Bestandsaufnahme deiner Emotionen vorzunehmen und dich zu fragen, welche Gefühle dich davon abhalten zu leben oder zu lieben.

VIER SCHWERTER

Der Rabe wirkt wie tot, doch tatsächlich befindet er sich an einem Ort vollkommener innerer Ruhe, um seinen Verstand und Körper wieder erfrischen zu können. Er hat mehrere Herausforderungen hinter sich, und es dürften ihm noch einige bevorstehen. Doch bevor er sich weiteren Aufgaben stellt, braucht er eine Wohlfühl-Pause.

Die Vier Schwerter erinnert dich daran deinen Geist und deine Seele zu erfrischen. Finde einen ruhigen Ort, an dem du die Möglichkeit hast, nach innen zu reisen und die liebevolle Energie deines Höheren Selbst in dir aufzunehmen. Diese Karte zeigt an, dass du deine Situation an einem Ort der Klarheit und des Mitgefühls lösen kannst.

Die umgedrehte Vier Schwerter lenkt die Aufmerksamkeit auf eine Person, die sich ständig mit Aufgaben beschäftigt, um der Stille ihres Geistes auszuweichen. Vielleicht aus Angst vor dem, was diese Stille offenbaren könnte.

FÜNF SCHWERTER

Der siegreiche Rabe hält die Schwerter derer, die er besiegt hat, in seiner Schwinge. Auf den ersten Blick mag sein Sieg positiv erscheinen, doch kann er letztendlich für den Raben zu Einsamkeit und Verzweiflung führen.

Die Fünf Schwerter steht für einen erbitterten Kampf, den du gewinnst. Doch dürften die Kosten des Sieges höher ausfallen als erwartet. Eine Freundschaft könnte zerstört werden, weil du unbedingt Recht behalten willst oder du fühlst dich nach einem Konflikt isoliert.

Umgedreht zeigt die Fünf Schwerter, dass du des Kämpfens müde bist und akzeptierst, dass manche Erfolge eine Auseinandersetzung nicht lohnen.

SECHS SCHWERTER

Der Rabe reist auf der Suche nach einem besseren Leben durch den Schnee über wechselhafte Gewässer. Auf dem Weg hat er ein paar Federn gelassen, doch das ist ein Opfer, das er für die Chance zu Wiederaufbau und Neubeginn gebracht hat.

Die Sechs Schwerter bezeichnet eine Zeit, in der du einen Schlussstrich ziehen und neu beginnen musst. Diese Entscheidung wird dir nicht leicht fallen, und auf dem Weg kann dich möglicherweise die Reue einholen. Doch sobald die Reise abgeschlossen ist, wirst du erkennen, dass das Ergebnis das Opfer wert war. Dies wird dir den Übergang erleichtern, dich auf die neuen Möglichkeiten anstatt auf den entstandenen Verlust zu konzentrieren.

Wenn die Sechs Schwerter umgedreht in einer Auslage liegt, weist sie darauf hin, dass du nicht bereit bist, eine Änderung herbeizuführen. Vielleicht hältst du auch an Gewohnheiten aus der Vergangenheit fest, die dich nicht richtig weiterziehen lassen.

SIEBEN SCHWERTER

Der gerissene Raben-Trickster versucht, mit einem Vorrat glänzender Schwerter davonzufliegen, bevor die anderen Raben sie bekommen können. Doch es sind zu viele Schwerter, um sie alle alleine fortzutragen. Dennoch ist er zufrieden mit dem, was er mitnehmen kann.

Die Sieben Schwerter bezeichnet eine Person, die versucht, dich zu täuschen oder mit etwas Unmoralischem durchzukommen. Wenn du vorhast, eine Person auszunutzen oder zu hintergehen, warnt dich die Sieben Schwerter davor, dass deine Pläne fehlschlagen oder du ertappt werden könntest.

Die umgedrehte Sieben Schwerter zeigt eine Phase an, in der es dir schwerfällt, den nächsten Schritt zu machen. Jetzt ist es an der Zeit herauszufinden, welche schlechten Gewohnheiten dich zurückhalten. Vielleicht fühlst du dich aber auch überlastet.

ACHT SCHWERTER

Der Rabe ist in einem Dickicht voller Schwerter gefangen und in ein langes rotes Band gewickelt, das seinen eingeschränkten Selbstwert darstellt. Er ist ein Gefangener, der machtlos ist, weil er keine Vision hat oder sich nicht aus seinem selbst gebauten Käfig befreien kann.

Die Acht Schwerter dient als Botschaft, dass du dir deine Kraft zurückerobern musst. Dies gelingt, indem du deine Situation aus einem anderen Blickwinkel betrachtest. Die Karte bezeichnet eine Herausforderung, die aus Einschränkungen resultiert, die dir zu überwältigend erscheinen oder deine Fähigkeiten zu handeln übersteigen. Du hast jedoch die Kraft, jedes Problem zu überwinden. Die Acht Schwerter bittet dich nach innen zu schauen, um dein Potenzial zu entdecken.

Umgedreht zeigt die Karte an, dass eine schwere Zeit zu Ende geht. Durch sie hast du Lektionen gelernt, die dir helfen werden, zukünftige Belastungen zu meistern.

NEUN SCHWERTER

Allein in seinem Nest erwacht der Rabe aus einem erneuten Albtraum. Zu ängstlich den Kopf zu heben, kauert er nieder, während ihn Bilder einer Gefangenschaft im Käfig oder einer tödlichen Schlacht, der er nicht entkommt, verzehren.

Die Neun Schwerter deutet darauf hin, dass du von Sorge erfüllt bist. Dich beschäftigt gerade ein Thema, das angesprochen werden muss. Deine Untätigkeit hat sich in Form von Angst und Sorge manifestiert. Daher könnte sich deine Beunruhigung bezüglich dieser Angelegenheit genau als das entpuppen, was du am meisten fürchtest. Die Neun Schwerter erinnert dich daran, dass negative Gedanken zu Tatsachen werden können.

Die umgedrehte Neun Schwerter überbringt die Nachricht, dass du dich ohne Grund aufregst und dadurch riskierst, deine wichtigsten Dinge aus den Augen zu verlieren. Konzentriere deine Energie stärker auf das, was hier und jetzt passiert, und nicht auf das, was in der Zukunft stattfinden könnte oder eben auch nicht.

ZEHN SCHWERTER

Der besiegte, gebrochene Rabe kauert auf dem Boden einer Klippe, umgeben von kalten, kargen Felsen. Allein mit seinem Elend, durchbohrt von zehn Schwertern, hat man den armen Vogel totgeglaubt zurückgelassen. Seine Qual wird durch einen schweren Verrat noch stärker.

Die Zehn Schwerter kann sowohl einen Dolchstoß aus dem Hinterhalt darstellen, als auch das Ende einer schmerzhaften Situation ankündigen. Jetzt geht es darum loszulassen und dich darauf zu freuen, dass die Leidenszeit bald vorbei ist. Dadurch wirst du die Kraft finden, weiterzumachen.

Umgedreht kann die Zehn Schwerter darauf hinweisen, dass du dich nur auf das Negative konzentrierst und nach Gründen suchst misstrauisch zu sein. Die Warnung lautet hier: Lass dich nicht durch Furcht vor Verrat davon abhalten, in vollen Zügen zu leben. Wenn du zu viel Aufmerksamkeit auf dieses Gefühl richtest, läufst du Gefahr, deine Ängste zu manifestieren.

BUBE DER SCHWERTER

Der junge Rabe nutzt seine Kraft und Ausdauer, um das Schwert durch einen heftigen Energiesturm zu tragen. Auf seiner Reise hat er vielleicht ein paar Federn verloren. Doch war dies ein geringer Preis für die Möglichkeit etwas viel Wichtigeres zu erhalten. Der Bube hat seinen Rhythmus gefunden und nähert sich seinem Ziel mit fester und unerbittlicher Entschlossenheit.

Der Bube der Schwerter taucht in einer Legung mit der Nachricht auf, alle Bedenken in den Wind zu schlagen, hinauszugehen und loszufliegen: Es ist jetzt an der Zeit zu handeln. Der Bube kennzeichnet Bewegung, Energie und Kommunikation – alles unablässige Faktoren, um in ein neues Abenteuer aufzubrechen.

Der umgedrehte Bube der Schwerter steht für eine Person, die den Mund gerne voll nimmt, aber hinter deren starkem Auftritt nicht genug Erfahrung steht. Die umgedrehte Karte kann dich auch davor warnen, nicht vorschnell und ohne gründliche Recherche aufzubrechen und dadurch deine Energie zu verschwenden.

RITTER DER SCHWERTER

Der Ritter der Schwerter stürzt sich in die Schlacht, während der Wind braust. Er stürmt voran und drängt an allen vorbei, die ihm im Weg stehen. Es ist keine Bosheit oder Wut, die ihn antreibt, sondern reine Stoßkraft. Der Ritter der Schwerter bringt jugendliche, mitreißende Energie in eine Aufgabe ein und somit auch die nötige Inspiration, um den Weg zum Erfolg zu ebnen. Diese Karte kann auf ein Projekt hinweisen, das dich begeistert. Um dich herum wirbelt die Energie. Du lässt dich nicht bremsen! Der Ritter der Schwerter weist auf ein hohes Potenzial hin und bietet dir die Kraft, das Projekt abzuschließen. Er warnt dich aber auch davor, Abkürzungen zu nehmen oder vorschnelle Entscheidungen zu treffen.

Der umgedrehte Ritter der Schwerter kann seine Energie nicht auf ein einzelnes Projekt konzentrieren und versucht daher, in zu viele verschiedene Richtungen zu preschen.

Wenn du dich derzeit zerstreut fühlst, suche also nach Wegen, um all deine Kraft auf einen einzigen Zweck zu lenken. In umgekehrter Position kann der Ritter der Schwerter auch auf eine Person verweisen, die zwar großen Eifer zeigt, doch keine Ideen hat, um ein Vorhaben zu Ende zu bringen.

KÖNIGIN DER SCHWERTER

Die Königin der Schwerter ist ein zäher Vogel. Sie ist selbstbewusst, unabhängig und weise. Ihr flinker Witz, ihr scharfer Verstand und eine klare Vorstellung davon, wie die Zukunft aussehen sollte, haben ihr den Respekt ihres Umfelds eingebracht. Über ihrem Thron fliegt ein Rabe, der ihre Fähigkeit symbolisiert das große Ganze zu überblicken.

Wenn dir die Königin der Schwerter einen Besuch abstattet, kann dies auf eine Zeit hinweisen, in der eine ernsthafte, gut durchdachte und vernünftige Lösung erforderlich ist. Sie kann auch als Mentorin oder Lehrerin auftreten, die ihre Schüler zu Leistungen inspiriert. Die Karte bezeichnet einen Zeitpunkt, zu dem eine neutrale Sicht auf die Sachlage erforderlich ist, um die beste Entscheidung zu treffen.

Wenn die Königin der Schwerter umgedreht fällt, kann sie als Tyrannin wahrgenommen werden, die unversöhnlich, kaltherzig und mürrisch ist. Sie lässt ihr Urteilsvermögen von Emotionen trüben und riskiert so, den Respekt anderer zu verlieren und ihre Krone zu beflecken.

KÖNIG DER SCHWERTER

Der König der Schwerter ist ein strategischer und logischer Rabe. Er arbeitet methodisch und prozessorientiert an Lösungen, die der Gemeinschaft nutzen. Darauf verweist auch das astrologische Saturn-Symbol über seinem Thron, das genau für diese Qualitäten steht. Seine Stärke und Ausgeglichenheit heben ihn vom Schwarm ab. Dieser Vogel fühlt sich in der Rolle des Anführers wohl, giert jedoch nicht nach Macht. Die Energie des Königs der Schwerter bringt der jeweiligen Situation eine umsichtige, klare und erfolgsorientierte Vision.

Der König tritt möglicherweise als vertrauenswürdiger Berater im Kartenbild auf oder weist darauf hin, dass du selbst eine verlässliche Informationsquelle bist, von der andere profitieren. Er ist für seine Fähigkeit bekannt, Situationen mit beruhigender Energie zu bewältigen.

Fällt die Karte umgedreht ist dieser König ein aggressiver, manipulativer und gieriger Rabe, der nur ein Tyrann sein kann.

DIE MÜNZEN

Schlüsselwörter:
Geld, Wachstum, Luxus, Ausbildung,
künstlerisch
Element: Erde

ASS DER MÜNZEN

Der Rabe landet auf einer großen, von Wolken umgebenen Münze. Sein erhöhter Platz bietet ihm einen klaren Überblick über die ihm zur Verfügung stehenden Reichtümer. Weil seine Wünsche nicht länger blockiert sind, befinden sich die Gaben, die diese Welt zu bieten hat - vom materiellen Wohlstand bis zum spirituellen Wissen - in seiner Reichweite.

Das Ass der Münzen steht für eine Zeit der Klarheit und der Fähigkeit, deine Wünsche zu manifestieren. Bleibe konzentriert: Das Gesetz der Anziehung funktioniert. Behalte daher fest im Auge, was du erreichen willst. Während das Ass der Münzen finanzielle Sicherheit und Verwirklichung darstellt, kann die umgedrehte Karte bedeuten, dass dir ein Projekt oder eine Chance verloren geht. Sie zeigt möglicherweise auch einen Rückschlag nach einem ersten Realisierungserfolg an.

ZWEI MÜNZEN

Das Leben bietet unendlich viele Möglichkeiten. Der Rabe ist in ständiger Bewegung und jongliert sowohl mit seinen alltäglichen Herausforderungen als auch mit seinen Ambitionen. Nur wenn er sich für beides ausreichend Zeit nimmt, bleiben sie im Gleichgewicht.

Die Zwei Münzen erinnert dich daran, dass du die kleinen täglichen Aufgaben nicht unter den Tisch fallen lässt, da dies deine langfristigen Ziele gefährden könnte. Die beiden Münzen auf der Karte empfehlen dir, deine Verantwortlichkeiten aufzulisten, um sicherzustellen, dass du alles berücksichtigst.

Die umgedrehte Zwei Münzen ist ein Signal, dass du Gefahr läufst, deinen Fokus aus den Augen zu verlieren oder bereits verloren hast. Das kann zu einem Verlust deiner finanziellen Sicherheit führen. Überprüfe, ob du mit deinen Rechnungen und anderen Verpflichtungen auf dem Laufenden bist, damit deine Projekte nicht gefährdet werden.

DREI MÜNZEN

Die raffinierten Raben haben gemeinsam eine Konstruktion geschaffen, die es ihnen ermöglicht, die schwer erreichbaren Kirschen am Baum leicht zu bekommen.

Die Drei Münzen ermutigt dich, diejenigen Fähigkeiten weiterzuentwickeln, die erforderlich sind, um mit einer Gruppe an einem gemeinsamen Ziel zu arbeiten. Sei weder ängstlich noch entmutigt, wenn du nur langsam vorankommst. Das kann ein Hinweis darauf sein, dass du etwas Hilfe in Form eines Mentors brauchst. Du wirst auf jeden Fall Erfolg haben.

Die Drei Münzen ist eine Karte harmonischer Teamarbeit. Umgedreht bedeutet sie jedoch, dass das Team nicht gut zusammenarbeitet, da zu viele Egos im Spiel sind. Möglicherweise hast du das Gefühl, dass deine Ideen nicht respektiert werden. Infolgedessen kommt es zu Spannungen innerhalb der Gruppe. Ein Wechsel des Arbeitsumfelds ist vielleicht notwendig, um Harmonie auf deinem Weg herbeizuführen.

VIER MÜNZEN

Der Rabe der Vier Münzen hat sich Wohlstand erarbeitet und ist finanziell abgesichert. Er könnte ein angenehmes Leben führen. Die Angst, alles zu verlieren, hindert ihn jedoch daran, seinen Reichtum zu genießen. Dieser Vogel konzentriert sich vor allem auf Gefühle von Knappheit und Mangel. Er ist so sehr darum bemüht, seinen Besitz festzuhalten, dass er nicht fliegen kann. Die Vier Münzen bezeichnet die Unfähigkeit, sich trotz angehäuften Wohlstands sicher zu fühlen.

Dieser Rabe warnt dich: Wenn du dich darauf fokussierst, was du verlieren könntest, wirst du keine Freude an dem haben, was du besitzt.

Umgedreht deutet die Vier Münzen darauf hin, dass deine Unfähigkeit loszulassen und deine dir zur Verfügung stehenden finanziellen Ressourcen zu genießen, auf deiner Existenzangst beruht.

FÜNF MÜNZEN

Die Fünf Münzen erzählt die Geschichte
zweier unterschiedlicher Rabenschwärme.
Die erste Gruppe ruht sich bequem und
warm auf einem Baum aus. Das Rabenpaar
darunter hüpft den zugefrorenen Boden
entlang und kämpft gegen den Wind an,
ohne zu sehen, dass nur ein kurzes Stück
entfernt Hilfe auf sie wartet. Die beiden haben vielleicht alles verloren, aber sie trösten
sich damit, dass sie immerhin nicht alleine,
sondern zu zweit sind.

Die Fünf Münzen erinnert daran, dass
selbst wenn alles verloren scheint, es immer noch Möglichkeiten gibt, sofern wir
nur nach ihnen suchen. Die Karte ermahnt
dich, deine Seele zu nähren, indem du dich
weniger auf materielle Dinge und mehr auf
Beziehungen fokussierst.

Die umgedrehte Fünf Münzen weist darauf
hin, dass der Mangel und die finanziellen
Turbulenzen bald zu Ende sind. Jetzt ist ein

hervorragender Zeitpunkt, dich an all die schönen Dinge zu erinnern, die in deinem Leben bisher aufgetaucht sind, und dich dankbar darauf zu konzentrieren, was noch alles an Positivem kommen wird.

SECHS MÜNZEN

Der großzügige, wohltätige Rabe teilt gern seine Fische. Er hat schließlich zwei und macht sich keine Sorgen, dass er nicht weitere finden könnte. Obwohl er ein mitfühlender Rabe ist, gilt er nicht unbedingt als Menschenfreund, denn er erwartet, dass sich seine gute Tat in irgendeiner Form zukünftig für ihn auszahlt.

Die Sechs Münzen bezeichnet eine Zeit, in der du – unter gewissen Auflagen – Hilfe anbietest oder angeboten bekommst.

Die umgedrehte Sechs Münzen symbolisiert, dass das Geben und Nehmen aus dem Gleichgewicht geraten ist. Vielleicht hast du einem Freund Geld geliehen, der deine Großzügigkeit ausgenutzt hat, oder du selbst zahlst erhaltene Hilfeleistungen nicht zurück.

SIEBEN MÜNZEN

Der Rabe ruht sich nach der schwierigen Aufgabe aus: Er hat einen Schatz heller, spiegelnder Münzen gesammelt, die sein Nest schmücken und einen Schutzraum für seine Küken schaffen sollen.

Die Sieben Münzen fordert dich auf, langfristig zu planen, wenn du Zeit und Energie in ein Projekt investierst. Obwohl auch schnelle, kurzfristige Gewinne erzielt werden können, werden diese letztendlich nicht von Dauer sein. Nur durch harte Arbeit und Planung wirst du anhaltende Vorteile aus deiner Beschäftigung ziehen.

Wenn die Sieben Münzen umgedreht in einer Legung auftaucht, kann dies ein Zeichen dafür sein, dass trotz allen Engagements und Energieeinsatzes, die du in ein Unternehmen gesteckt hast, das Ergebnis nicht so ausfällt wie erwartet. Jetzt ist es an der Zeit, deiner Intuition zu vertrauen und einen Schlussstrich zu ziehen, wenn du mit der Rendite deiner Investition nicht zufrieden bist.

ACHT MÜNZEN

Der Rabe ritzt emsig und meisterhaft ein Pentagramm in die Münze. Abseits seiner lärmenden Artgenossen ist er konzentriert und entschlossen, alle acht Münzen perfekt zu bearbeiten.

Die Acht Münzen ermutigt dich, dich besser zu qualifizieren, um Fähigkeiten zu erlangen, die es dir ermöglichen, Experte auf dem Gebiet deiner seelischen Berufung zu werden. In der jetzigen Phase ist diese Seelenaufgabe vielleicht schwer zu erkennen, aber durch harte Arbeit und Engagement wirst du den Erfolg finden, den du suchst.

Da dies eine Karte ist, die dich auffordert, deine Talente zu perfektionieren, kann sie umgedreht bedeuten, dass dein Perfektionismus deinem Erfolg im Wege steht. Vielleicht konzentrierst du dich zu sehr auf ein kleines Detail, während du wichtigere Dinge dem Zufall überlässt. Nimm etwas Abstand und betrachte das kleine Stück als Teil eines Ganzen.

NEUN MÜNZEN

Völlig im Einklang mit der Natur, sitzt der Rabe auf einem Wolf, während die Sonne ein liebevolles, warmes Licht über blühende Bäume und einen üppigen Münzhaufen wirft. Der friedliche Wolf, der sich von dem Vogel nicht belästigt fühlt, steht für die Ruhe des Geistes und die Fähigkeit, die eigenen Emotionen zu kontrollieren. In der

Ferne symbolisiert ein starker grüner Baum ein bequemes, stabiles Zuhause.

Die Neun Münzen steht für das baldige Erreichen eines Ziels oder Vorhabens, das nach seinem Abschluss erfolgreich sein wird. Die Karte kann auch auf ein Leben in Wohlstand und Bequemlichkeit hinweisen, sowohl im materiellen als auch emotionalen Sinne.

Die umgedrehte Neun Münzen warnt vor finanziellen Verlusten aufgrund schlechter Entscheidungen. Möglicherweise bist du auf eine Blockade gestoßen oder du erwartest einen höheren Lebensstandard, ohne dafür etwas leisten zu wollen.

ZEHN MÜNZEN

Die Zehn Münzen steht für eine Zeit der Sicherheit und des Schutzes. Die Raben haben hart gearbeitet, ihre Rechnungen beglichen und werden nun mit einem komfortablen Rastplatz belohnt, der reichlich Raum und Nahrung bietet. Die Zehn Münzen gibt dir die Gewissheit, dass deine harte Arbeit und dein Optimismus eine stabile, sichere Zukunft erschaffen können, die als Grundlage für die Realisierung deiner Träume dient.

Während die aufrechte Zehn Münzen ein deutliches Zeichen dafür ist, dass finanzielle Sicherheit in greifbare Nähe gerückt ist, weist die umgedrehte Karte eventuell auf die Gefahr eines finanziellen Verlustes hin. Sie kann auch eine Beziehung anzeigen, die nur ein vorübergehendes Strohfeuer darstellt, ganz gleich wie angenehm sie im Moment ist.

BUBE DER MÜNZEN

In einem blumenreichen Garten sitzt der Rabe als Bube der Münzen auf einem blühenden Zweig. Er lässt die Energie des fruchtbaren Lebens in seinen Geist fließen, während er auf seine Münze blickt. Er visualisiert den Weg, auf dem er reisen möchte, und entwickelt vor seinem geistigen Auge ein klares Bild davon, was er im Leben erreichen will.

Die Botschaft des Buben der Münzen lautet: Um den von dir gewünschten Erfolg zu erzielen, musst du dir die Zeit nehmen, eine klare Vision zu entwickeln und dich darauf einzustimmen, wohin dein Weg dich führen soll. Dann wird sich dein Wunsch wie von Zauberhand realisieren.

Erscheint die Karte umgedreht, kann sich der Bube der Münzen in Form einer Blockade manifestieren. In diesem Fall macht dich der Bube darauf aufmerksam, dass es an der Zeit ist, dich zu fragen, ob deine Begeisterung nachgelassen hat. Oder benötigt deine Sehnsucht mehr Einsatz von dir als du gewillt bist zuzugeben?

RITTER DER MÜNZEN

Der Ritter der Münzen sitzt auf seinem robusten Pferd, bereit für kommende Aufgaben. Er hat sich die Botschaft des Buben der Münzen zu Herzen genommen, und setzt nun durch harte Arbeit und Entschlossenheit, dessen Visionen in Gang, um sie zu verwirklichen. Der Ritter der Münzen geht langsam und methodisch vor. Er arbeitet ausdauernd und sorgt dafür, dass jede einzelne Aufgabe erfolgreich abgeschlossen wird, bevor er mit einer neuen beginnt.

Der Ritter der Münzen kann dir als Mitarbeiter oder Geschäftspartner begegnen, der Wort hält und dadurch erheblich zum Erfolg eines Projekts beiträgt.

Der umgedrehte Ritter der Münzen läuft Gefahr, sich in seiner Arbeit zu langweilen oder stecken zu bleiben. Die Karte kann auch eine Beziehung widerspiegeln, die sich nicht entwickelt oder stagniert.

KÖNIGIN DER MÜNZEN

Die Königin der Münzen ist umgeben von fruchtbarer Natur. Sie ist zu dir gekommen, um dir ihre liebevolle Energie anzubieten. Sie ist der Inbegriff der Mutter, die immer bereit ist, aus vollem Herzen der Seele Trost zu spenden. Verwechsle ihre Freundlichkeit und ihr Mitgefühl jedoch nicht mit Schwäche. Sie ist ein zäher Vogel, der alles tun wird, um sicherzustellen, dass die Menschen um sie herum gut versorgt sind. Die Königin der Münzen bringt Sicherheit und Gleichgewicht in eine Situation und entfacht kraftvolle weibliche Energie, die alles bewältigen kann.

Wenn diese Karte zu dir kommt, dann nimm dir einen Moment Zeit, um dich in der Liebe und Sicherheit zu sonnen, die dieser barmherzige Rabe dir bietet.

Umgedreht ist die Königin der Münzen die Mutter, die ihren Angehörigen ununterbrochen die Luft zum Atmen nimmt. Dies betrifft auch alle anderen, die ihren Weg kreuzen. Sie ist in jeder Situation übergriffig und kontrollierend - vom Schützen des Nestes bis zur Nahrungssuche. Es läuft wie sie es will oder gar nicht. In diesem Fall strahlt sie eine manipulative und Angst einflößende Energie aus, die zu einem Mangel an Harmonie führt.

KÖNIG DER MÜNZEN

Für diesen Raben-König kann das Leben kaum noch besser werden. Seine qualifizierten Kenntnisse haben ihm eine Fülle von Reichtümern eingebracht, und er gönnt sich einen luxuriösen Lebensstil. Er hat ein Herz aus Gold und teilt mit ausgebreiteten Flügeln alles, was er angesammelt hat - von materiellen Eigentümern bis zu erworbenem Wissen. Der König der Münzen ist immer bereit, seinen Mitmenschen dabei zu helfen, ihr Potenzial zu verwirklichen.

Er überbringt dir die Botschaft, dass du dein Leben voller Entschlossenheit, Anstand und Gutherzigkeit führen sollst. Dadurch wirst auch du ein Dasein in Hülle und Fülle erleben.

Im umgedrehten Fall ist der König der Münzen übermäßig extravagant und konzentriert sich zu sehr auf seinen äußeren Reichtum und Status.

DIE RABEN-TAROT
LEGUNG

Mische die Karten und finde zu innerer
Ruhe, so dass sich in dir ein Weg zu deinem
Höheren Selbst öffnen kann. Wenn du dich
bereit fühlst, ziehe eine Karte aus der Mit-
te des Stapels und lege sie verdeckt auf den
Tisch. Lasse deine Gedanken friedlich trei-
ben. Wenn du fertig bist, ziehe sieben weitere Karten nach dem Zufallsprinzip und lege
sie verdeckt in Rabenform nach der unten
gezeigten Reihenfolge aus.

- Karte Nr. 1 -

HERZ-ENERGIE / INNERES SELBST

Diese Position repräsentiert eine Energie, die als Basis für deine Frage dient. Das kann eine dauerhafte Energie sein, die deine wahre Natur symbolisiert, oder eine, die dein Herz aufgrund von Lebensereignissen gerade ergriffen hat. Die Karte wirkt im Hintergrund und ist an deine gegenwärtige Energie gebunden.

- Karte Nr. 2 -

GEGENWÄRTIGE ENERGIE

Diese Energie umgibt dich. Sie erzeugt deine derzeitige Stimmung und erschafft die Atmosphäre für zukünftige Ereignisse.

- Karte Nr. 3 -

ENERGIE, DIE DICH ZURÜCKHÄLT
ODER DIR HILFT

Dies ist die Energie, die Spannungen in der jetzigen Situation hervorruft oder aber deine Ziele unterstützt. In dieser Position weist die Karte auch oft auf deine Hoffnungen und Ängste hin.

- Karte Nr. 4 -
HOFFNUNGEN / ÄNGSTE

Dies ist die Energie, die in deinem Unterbewusstsein lauert und dich manchmal sabotiert. Es ist die Manifestation deiner Sehnsüchte und Befürchtungen.

- Karte Nr. 5 -
ERDUNGSENERGIE / RAT

Dies ist die Energie, die dich zum jetzigen Moment zentriert und dich mit der Energiequelle verbindet. Sie kann als positive oder negative Karte in der Legung auftauchen. Eine herausfordernde Karte in dieser Position kann bedeuten, dass deine Erdungsenergie kontraproduktiv ist. Du solltest alle schlechten Gewohnheiten oder einschränkenden Glaubenssätze aufgeben.

- Karte Nr. 6 -
LEKTION AUS DER VERGANGENHEIT
Diese Karte ist eine vergangene Lektion oder Erfahrung, die dir als Erinnerung dient und Rat für deine aktuelle Situation bereithält.

- Karte Nr. 7 -
ÄUSSERLICHE ÖFFNUNGEN
ODER HINDERNISSE
Dies ist die Energie, die ohne deine Einladung in deine persönliche Aura tritt. Sie kann die Spannung verringern oder erhöhen.

- Karte Nr. 8 -
MÖGLICHE ZUKUNFT
ODER ERGEBNIS
Dies ist die Energie, die sich als Resultat deiner Aktivitäten manifestieren wird.

MJ CULLINANE

Künstlerin und Autorin des Raben-Tarot

Margaux Jones, alias MJ, ist eine in Seattle lebende Künstlerin, Autorin, Mutter und Liebhaberin aller magischen Dinge und Wesen, insbesondere der Raben.

Sie besuchte die Parson's School of Design. Doch ihre einzigartige Technik, Geschichten durch digitale Collagen zu erzählen, hat sie sich selbst beigebracht. Seit über zehn Jahren zählt das zu ihrer Leidenschaft.

Die Natur und ihre Geschöpfe sind ein vertrautes Thema in ihrem Werk. Da sie jedoch südlich von Boston aufwuchs, sind ihre Collagen auch stark von der Energie der Stadt beeinflusst. In ihrer Arbeit verschmelzen diese beiden Welten häufig miteinander.

Ihr Weg zum Tarot war ein schöner Zufall, der sich in einer schwierigen Zeit ihres Lebens ereignete. Der Entstehungsprozess des Raben-Tarot half ihr dabei, ihre eigenen Flügel wieder zu entdecken, obwohl sie zu diesem Zeitpunkt noch nicht wusste, wie sehr das Projekt ihr Leben verändern würde. Sie verliebte sich einfach in den Vorgang kreativen Schaffens, in die Botschaften und in das Gefühl, das jede Karte in ihr hervorrief. Das Raben-Tarot ist das erste veröffentlichte Kartendeck von MJ. Es hat bei Raben-Fans und in der Tarot-Szene beachtliche Anerkennung gefunden.

Wenn MJ nicht künstlerisch tätig ist oder für ihren Raben-Tarot-Blog schreibt, verbringt sie die Zeit mit ihrer Tochter River, spielt mit ihr in der Natur, übt sich in der Kunst der Magie und findet neue Quellen der Inspiration.